GW01551150